LE PARFAIT VICTORIEVX

DISCOVRS FVNEBRE SVR LA MORT DE LOVIS LE IVSTE

A PARIS,

Chez M[illegible] ruë S. Seuerin, deuant le grand Portail de l'Eglise, au Lys-fleurissant.

M. DC. XLIII.

Auec Approbation, Et Permission.

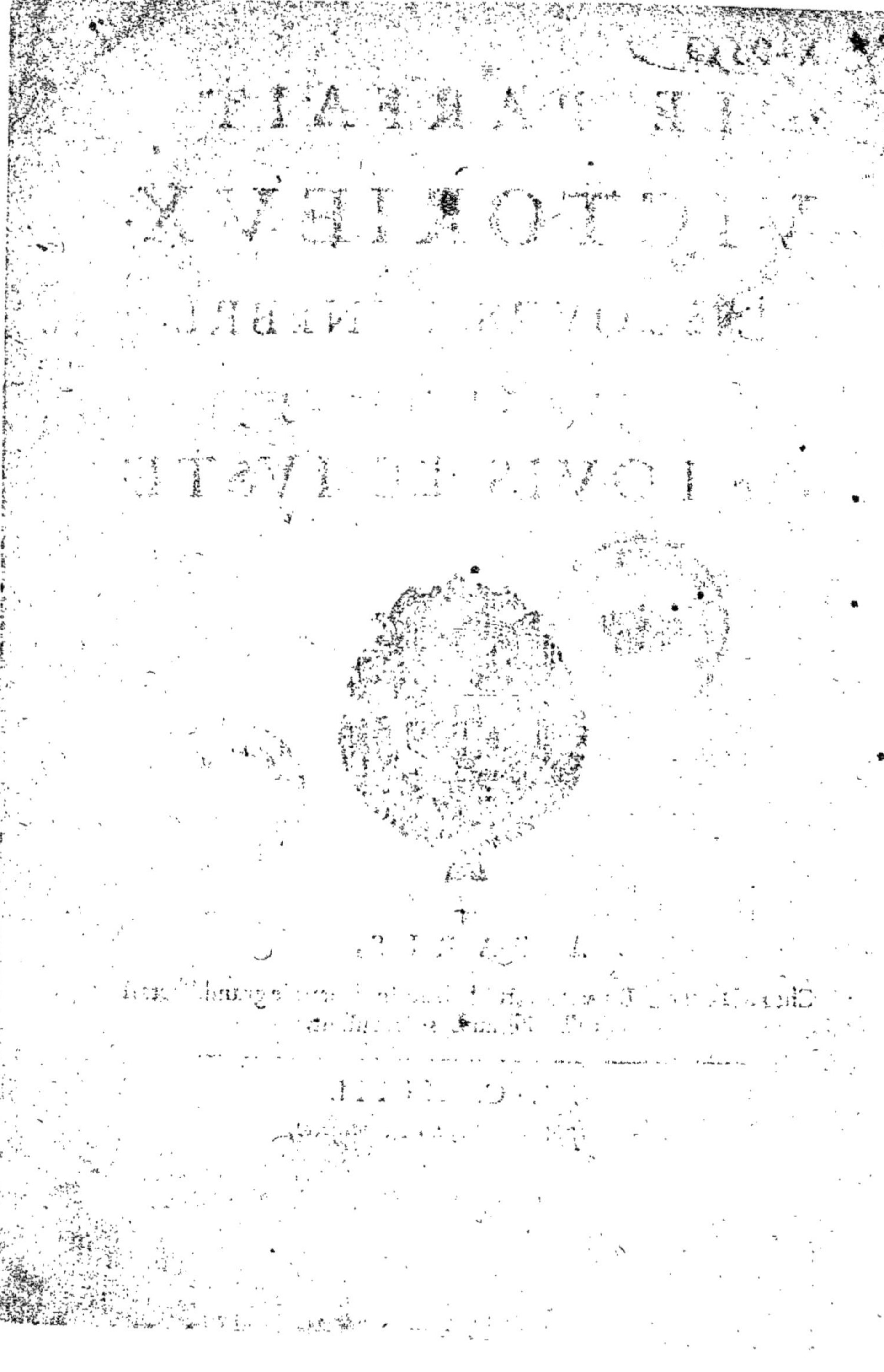

A

LA REYNE.

ADAME,

Ie vous offre ce Discours Funebre sur la Mort de LOVIS LE IVSTE, nostre Prince, & vostre Royal Epoux, non afin de rafraichir les Douleurs de VOSTRE MAIESTÉ, qui ne sçauroient receuoir de nouueaux accez. Puis qu'elles ont esté infinies autant qu'elles le pouuoient

à

estre. Mais pour luy faire voir comme en vn Tableau les Adorables Vertus de ce GRAND ROI. *De sorte que ce Discours n'ayant rien de Lugubre que la moindre partie de son Tiltre, La principale, qui est le* PARFAIT VICTORIEUX, *ne promet que des Triomphes & des Victoires. Non,* MADAME *ce ne sont point des Cyprez, que ie presente à V. M. pour redonner cours à ses déplaisirs. Ce sont plûtost des Palmes & des Lauriers qui ne presagent que le bon-heur de vostre Regence. Ce sont les Illustres Exploits de* LOVIS; *Ce sont ses Combats & ses Conquestes, qui luy ont acquis la qualité de Parfait Conquerant, aussi bien du Ciel que de la Terre. Enfin ce sont les Couronnes & les Guirlandes qui ont enuironné son Chef icy bas, & qu'il possede maintenant dans vne vie Glorieuse & Immortelle. Que s'il s'y treuue meslez des traits d'Inconstance, de Maladie, & de Mort, V. M. n'en sera point étonnée, si elle considere qu'ils ont esté les riches sujets des mesmes Triomphes de* LOVIS, *n'ayant seruy qu'à faire paroistre auec plus d'éclat sa Grandeur & sa Gloire. Mais ie me reprens,* MADAME, *d'auoir auancé que i'exposois aux yeux de V. M. le Discours, afin qu'elle y vist comme en vn Tableau les Vertus de nostre Grand Roy. Ce n'en est qu'vne Ombre legere, ou vne Statuë muette, que i'ay osé tirer pour marque de mes submissions & de mes tres humbles Deuoirs, & que ie mets deuant elle qui en est la viuante Image, afin qu'elle l'anime par ses fauorables regards, tout ainsi que celle de Pharmenopas l'étoit par les puissantes impressions de la lumiere du Soleil. C'est ce que i'attens,* MADAME, *de vostre Royalle Bonté: & que comme la Minerue d'Amulus caressoit d'vn doux accueil tout ce qui luy étoit offert, quoy que sans comparaison, Puis que V. M. n'en peut souffrir, si ce n'est par son humilité; Ainsi traiterez-vous fauorablement ce petit Ouurage & luy communiquerez ce qu'il luy manque par vostre aueu: Afin qu'il puisse aller hardiment publier par tout, que* LOVIS LE IVSTE *est l'vnique & seul* PARFAIT VICTORIEVX. *Aussi bien que les vœux que ie fais pour la Gloire de nostre* NOVVEAV SOLEIL, *& la vostre,* O BELLE AVRORE, *qui l'auez produit à cét Empire: A ce que le Ciel répende sur son Regne ses plus particulieres graces pour le rendre le plus Heureux & le plus Florissant, & sur vostre Gouuernement, ses plus amoureuses Influences, pour estre aussi glorieux que vous le sçauriez esperer. Car ce sont là veritablement les souhaits* *que ie forme entre mes plus beaux desirs, & auec les plus profonds sentimens du respect que ie dois à Vostre Majesté, comme estant,*

MADAME,

Son tres-humble, tres-obeïssant, & tres-fidelle seruiteur & sujet,
ROBYNET.

Approbation des Docteurs.

LA Lecture de ce *Discours Funebre du tiltre de Parfait Victorieux, à l'honneur & heureuse Memoire de LOVIS XIII. que Dieu absolue, composé par Charles Robynet, Sieur de S. Iean*, a esté oüye, & diligemment examinée, Par Nous soubsignez Docteurs en Theologie de cette Faculté de Paris, auec tant de contentement & d'aplaudissement, Que nous certifions le Public le pouuoir lire en toute assurance, de ny trouuer rien de funeste, que la mort d'vn Grand Roy, rien de mauuais augure, ny contraire à la Foy Catholique, Apostolique & Romaine, ny à l'Etat, ny aux bonnes mœurs: Ains de grands, tres-aperts, & tres-dignes sentimens de l'insigne Pieté, & Vertu Auguste de nostre Prince, excitans à la Deuotion & ferueur d'esprit, pour l'imiter, & le croire digne d'honneur & de memoire Eternelle. En foy dequoy nous auons signé le deuxiesme Iuillet 1643.

F. V. OVRRY.

F. C. DE LA HAYE, Prieur de Monstierneuf de Poictiers.

Fautes suruenuës en l'Impression.

Page 2. ligne 3. se pouser, *pour*, se pousser.
P. 4. l. 16. a remportées, *pour*, a remportez
P. 5. l. 17. & 18. la plume la, *pour*, l'Orateur le.
ibid. l. 27. & 28. comme luy sur la foblesse de ma plume iusques, *pour*, comme luy iusques dans le Ciel.
P. 22. l. 4. Estat, *pour*, vn Estat
P. 23. l. 8. force Riuole, *pour*, force Suze, Riuole;
ibid. l. 10. Polioceltes, *pour*, Poliorcetes.
P. 25. l. 6. n'estoient pas, *pour*, ne fussent pas
P. 32. l. 1. par leur paroles, *pour*, par leurs actions
ibid. l. derniere, qu'ainsil, *pour*, qu'ainsi, il
P. 37. l. 28. descouuert, *pour*, décharné
Page 43. l. 21. il voulut, *pour*, voulut
P. 44. l. 11. Parfait Victorieux & Triomphant, *pour*, parfaitement Victorieuse & Triomphante.

LE PARFAIT VICTORIEVX.

DISCOVRS FVNEBRE SVR la Mort de Louis le Iuste.

Qui vicerit, dabo ei sedere mecum in throno meo. Apoc. 3.

TOVT ce qui est partagé entre le present & l'auenir, c'est à dire, qui a vn estre roulant sur les momens successifs du temps; a des termes de sa durée, où il ferme par necessité, le cercle de sa fin & de son commencement. Cette verité esclate si fort de ses propres lumieres, qu'il n'est non plus possible de la contredire, que de l'ignorer: chaque Siecle en a donné des demonstrations si sensibles, qu'il n'en faut prendre pour iuges que ses Sens; & l'experience nous la rend si euidente dans le nostre, qu'elle suffit pour estre obligé à l'auoüer. Ie permets neanmoins à vos esprits de se pouser par la plus puissante saillie, iusques à ce iour glorieux, qu'il pleut au Souuerain Principe d'exercer sa puissance sur le neant, pour faire parestre la Nature hors de l'inexistence où elle estoit si profondement abymée; & de se glisser, en retrogradant, de ce moment dans tous les autres qui se sont iusques à present eschapez. Ie m'assûre qu'estans de retour de cette longue cariere de tant de Siecles, vous confesserez n'auoir rien reconû qui n'ait souffert cette vicissitude d'vn commencement & d'vne fin. Toutes choses ont leur saison, dit le Sage, & il n'est rien sous le Ciel qui ne passe dans les espaces qui limitent sa durée. C'est vn arrest que Dieu a intimé à toute la Nature, & dont il luy faut aussi necessairement subir la rigueur: que Dieu qui est necessairement immuable, ne peut changer les ordres vne fois establis de sa diuine Prouidence. C'est vne catastrophe qui se doit joüer sur le Theatre de tout le monde aussi ineuitablemēt, qu'il en porte en soy les causes ineuitables: C'est le rendez-vous, en vn mot, où toutes choses se doiuent aussi absolument terminer, qu'au centre du Cercle toutes les lignes de sa circonferance. Cette necessité ne soufre donc point d'hypotese ny de condition, elle exige le même droit de la plus Noble des creatures, à sçauoir la raisonnable, comme de toutes les autres qui luy sont inferieures, & elle se rend encor les Princes & les Monarques tributaires,

Omnia tempus suum habent, & suis spatiis transeunt vniuersa sub cælo. Eccl. 3.

bien qu'ils soient esleuez au dessus du reste des hommes. Il est vray qu'ils semblent ainsi que le veut Platon, auoir esté créez d'vne Substance choisie, & la plus noble des Elemens: d'vne matiere inalterable, & encore en son sens auoir esté formez sur les plus riches Idées. Il est vray di-je, & sans parler dauantage aux termes de ce Philosophe, mais plus veritablement, qu'ils semblent porter par vn priuilege plus special le caractere & le sceau de la diuinité, & estre des Dieux en fin comme Dieu les appelle luy-méme par la bouche de son Prophete. Toutesfois ils ne se peuuent dispenser d'obeïr au sort commun à tous les hommes & de voir toutes leurs grandeurs sousmises à l'Empire de la mort, ainsi qu'il leur est dit en vn autre endroit vous estes des Dieux mortels.

Ego dixi vos Dy estis & fily excelsi omnes. Psal. 81.

Nous le voyons en la personne de nostre inuincible & victorieux Monarque LOVIS le Iuste, lequel apres auoir conquis vne partie du monde qu'il deuoit soumettre quelque iour tout entier à ses loix ; est luy même contraint de fléchir sous l'autorité de la fatalle Loy. Oüy ! ce Roy dont les actions nous auoient fait croire qu'il estoit immortel est mort & nous laisse par son trépas sujet d'auoüer hautement qu'il n'est rien qui ne passe de la vie à la mort, & du berceau dedans le tōbeau.

Estrange necessité ! qui change nos ris en pleurs; nos accens de ioye en des accens de dueil & de tristesse, & qui metamorphosant tout d'vn coup nos chants d'allegresse & de Triomphe en des elegies de soupirs; Nous oblige de planter par toute la France des lugubres Cyprez, au lieu des glorieux Lauriers dont nous pensions Couronner la teste de nostre genereux Prince.

Estrange necessité! qui nous contraint lors que nous pensions loüer les exploits de Louys; au contraire de pleurer sa mort, & de faire au lieu d'vn simple Panegyryque, vne Oraison Funebre.

Ah condition mortelle, que tu as peu de consistance & d'asseurance! Condition mortelle, que tu as peu de fermeté & de solidité! Condition mortelle, que tu as de fragilité & de feblesse! condition mortelle, que tu as d'inconstance!

Il faut donc laisser nostre premier dessein, & mettre à part les Triomphes, les Trophées & les Victoires que LOVIS a remportées sur ses ennemis, pour parler des Victoires, des Trophées & des Triomphes que la mort a remportées sur LOVIS. Ha! que ie sens de contrainte en cette obligation d'ajouter à la conqueste de cette superbe la vanité d'estre loüée de ses succez.

Toutesfois, non, ne redoutons pas de loüer la mort, puis que tout l'honneur & la gloire en reuient à LOVIS & non à la mort. Ce seroit entrer dans la pensée des Payens, ou du moins se plonger trop auant dans la Fable, si nous nous imaginions que la mort fut quelque Déesse redoutable, quelque sanglante Belone, & quelque furieuse Meurtriere. Disons auec les Philosophes, que la mort n'est qu'vne separation de l'ame d'auec le corps, & à l'égard de la creature raisonnable encor moins qu'elle n'est qu'vn éloignement de ces deux par-

tíes

ties pour quelque temps. Puis que nous sommes asseurez de resusciter vn iour & de voir l'vnion de nostre ame & de nostre corps qui auoit esté interrompuë, raffermie pour toute l'Eternité.

Mais puis que nous auons à parler de la mort, non seulement d'vn Roy & d'vn Prince, en tant que Roy & en tant que Prince, mais en tant que Chrétien, & que toute la loüange de la mort du Chrétien est entierement fondée sur sa vie ; ne separons point dans nostre discours, la vie & la mort de LOVIS, retenons les plustost vnies ensemble, afin que nous mōtrions que nostre ROY ayant esté Victorieux en l'vne & en l'autre, il merite le tiltre de Parfait Vainqueur, & de s'assoir sur le Trône de la Gloire, suiuant le texte que i'ay pris, *Qui vicerit, &c.* qui est tout mon dessein.

Mais qui suis-ie qui entreprends de parler de la plus belle vie & de la plus belle fin qui ait iamais occupé la plume la plus celebre ? Qui suis-ie qui ose auec vn stile si sterile & si rempant qu'est le mien, composer vn discours de loüange aux plus hautes Vertus qui ayent esté admirées de tous les Siecles ? Qui suis-ie en vn mot, qui veux faire l'Eloge des heroïques Faits & glorieux Triomphes du plus Auguste Prince que le Ciel ait iamais regardé auec ses plus doux aspects, & ses plus benignes influances, & la terre porté auec plus de respects & d'hommages ? N'apprehenday-ie point de tomber aussi lourdement qu'Icare, si ie m'éleue comme luy sur la féblesse de ma plume, iusques dans le Ciel de tant de Perfections ? Veritablement mon impuissance combat si fort mon desir, que i'auoüe, qu'il me seroit beaucoup plus seant & assûré de tenir le party du silence, & demeurer sans langue, comme autrefois la Déesse Agenoria, que d'entreprendre de discourir sur vn sujet si fort éleué au dessus de ma force. Et ce qui augmente ma crainte en cette occasion, c'est l'auis que me donne secrettement l'Orateur Latin, Qu'il est impossible de bien exprimer par les paroles l'honneur & la gloire d'vne bonne vie. Car si cét homme qui possedoit toute la vigueur & la force de l'Eloquence, fait cette confession, encor qu'il n'eust à loüer que des actions Payennes & simplement Morales: Que pourray-ie, moy qui ay à exalter des Vertus tout à fait Religieuses & Chrestiennes? Toutesfois le legitime deuoir se presente, qui m'auertit que ie me rendray coupable de la plus honteuse ingratitude, qui puisse noircir vne ame; Si ie ne rends, sinon autant que ie dois, au moins autant qu'il m'est possible, de recognoissance aux Royalles Vertus de mon Prince. Auquel de ces deux sentimens obeiray-je? Sera-ce au premier qui m'ordonne de me taire? Sera-ce au second qui me commande de parler? Sans doute que malgré mon irresolution ie dois satisfaire à celuy qui protegera d'auantage l'innocence de mon intention. Ie commence donc en representant LOVIS XIII. aux premiers iours de sa naissance, pour le considerer dans tous les temps de sa vie, & par apres l'enuisager en son Glorieux trépas.

Bene acta vita gloria haud comprehenditur verbis. Cic.

Si quis non quas debet, sed quas potest refert gratias ingratus non est. Senec. de Benef.

Ce Prince parut comme vn bel Astre au Ciel de la Frãce le 27. Septembre de l'année 1601. Il n'est pas possible de dire toutes les merueilles qui se passerent à sa naissance: Car ce qui ne paressoit pas étoit beaucoup plus admirable, que ce qui rauissoit à force d'aise & de plaisir les sens. Il est vray qu'estant fils du GRAND HENRY, & l'heritier de sa couronne & de son Sceptre ; La Nature auoit pris vn contentement extraordinaire à façonner son corps, & à luy communiquer tout ce qu'elle auoit de plus excellent & de plus magnifique, iusques à estre entierement prodigue, pour le rendre le Prince le plus beau & le plus parfait. Mais le Ciel qui voulut auoir l'honneur entier de cét Ouurage, luy versa bien plus largement ses faueurs. De sorte que si l'on eust eu les yeux assez perçans on eust veu tout le noble cœur des Vertus qui en descendirent expres pour le receuoir dans leurs mains. On eust veu vn Ange du plus haut rang de la Hierarchie Angelique, qui vint par vn priuilege particulier, prendre la garde & la conduite de ce ieune Monarque, ou pour mieux dire, de celuy qui deuoit par excellence, estre appellé le Fils aisné de l'Eglise de Dieu. On eust en fin apperceu toutes les sciences, & toutes les Graces conduites par la Victoire, à l'entour de son berceau. Ce qui certainement eust esté vn sujet & vn spectacle incomparable. Ne doutez pas aussi qu'encor que toutes ces choses soient trop spirituelles, pour estre sensiblement découuertes, qu'il n'en parût & rejallît vn certain extrait sur son front, qui le rendoit vniquement adorable. A la verité, toute la Cour fut si doucement charmée de ses graces & de ses attraits, que chacun confessoit qu'il n'estoit plus de plaisir, que celuy de l'admirer continuellement ; & ie puis dire qu'il n'y eut personne qui ne luy fist vn sacrifice de son cœur pour le rendre victorieux dés le premier iour de sa naissance. Les Princes & les Princesses auoient les yeux tellement arrestez sur luy, qu'ils ne pouuoient penser à les en retirer, chacun obseruant auec vn soin merueilleux, tous les signes, les œillades, & les actions de cét enfant pour en tirer autant de sujets de prediction des merueilles qu'il deuoit vn iour operer. Mais principalement le GRAND HENRY & MARIE DE MEDICIS son Espouse demeurerent tout extasiez à force de le regarder, rauis de voir vne image si parfaite & si accomplie de leurs vertus. A dire vray, les signes qui precederent de bien peu sa naissance, n'en pouuoient faire conceuoir que de tres-hautes esperances. Et si la ruine qui arriua du Magnifique Temple de Diane en Ephese le propre iour qu'Alexandre le grand vint au monde, fut vn motif à ses Deuins d'augurer les belles actions de sa vie. Auec plus de sujet les secousses qui esbranlerent la terre en plusieurs endroits où regnoit l'Heresie, quelque temps auant la naissance de nostre LOVIS, deuoient estre de puissantes raisons à la France d'en conjecturer de glorieux exploits. Aussi fut-ce où il emporta ses plus signalées Victoires, puis que comme nous verrons, il y fit absolument triompher la Religion & le vray culte de Dieu. Les iours qui s'écoulerent du depuis, & luy firent voir en fin le sixiesme an de son âge, meurirent tellement son esprit, que dés lors il possedoit des auantages qui obligerent tous ceux qui auoient l'honneur de le voir & de l'entendre, de douter de la verité dont ils estoient eux-mesmes témoins: Ses discours estoient déja graues & doux, & ses pensées hautes & sublimes, de sorte qu'il rauissoit également les cœurs & les esprits,

Dulcebat animos cordaque regebat.

Il estoit l'Oracle de la Cour, & chacun se plaisoit à l'aboucher & l'entretenir pour apprendre de luy sa bonne ou mauuaise fortune; tirant de ses paroles le sujet de se dire bien-heureux ou mal-heureux. On le vit en cette enfance auoir de fortes inclinations à toutes sortes de beaux exercices, à la Peinture, à la Graueure, à la Musique, au jeu des plus doux Instrumens, la pluspart desquels il façonnoit de ses propres mains, & au reste des autres Arts liberaux & bien seans aux Princes. En quoy auec vn peu d'estude il reussit parfaitement, iusques à n'y auoir point de pareil. On le vit encor pratiquer les vertus dignes des Rois & des Monarques, si hautement, que toutes ses actions seruoient d'illustres exemples à ceux de la Cour, qui les excitoient d'autant plus puissamment à l'exercice de la Vertu, qu'ils en remarquoient le commerce déja si parfait auec l'innocence de ce ieune Prince. Ses diuertissemens estoient des simboles de valeur; ses paroles des marques de bonté & de clemence. Bref, il ne faisoit & disoit rien que ce ne fût vn riche argument des merueilles que l'on deuoit vn iour adorer en luy, & dont il monstroit de si bonne heure le germe & la semence qu'il en auoit receuë du Ciel.

Mais ie vous prie, ne nous esloignons pas encore de cette sixiesme année, que premierement nous n'ayons veu nostre LOVIS en estat de receuoir les qualitez qui le peuuent rendre digne de bien combatre, pour meriter le tiltre de Parfait Victorieux. Ie veux dire que nous le suiuions, s'il vous plaist, à Fontainebleau, afin de l'y voir Baptiser : Car c'est là qu'il prend le caractere do vray Combatant, personne ne pouuant vrayment combatre, selon que l'entend nostre Maistre, *Qui vicerit, &c.* qu'auparauant il ne soit Chrétien ; ce qui se fait au Lauatoire du Baptesme, où nous receuons cette diuine infusion des trois vertus Theologales, qui impriment spirituellement dans nos ames le sacré sceau de Chrétien. Ou si vous voulez, estant vray que les vertus infuses luy auoient déja esté versées lors qu'il fut ondoyé. Regardons le seulement se sousmettre aux ceremonies de l'Eglise, de laquelle il deuoit estre le fidelle deffenseur, & reduire en acte la Foy, l'Esperance, & la Charité qu'il n'auoit qu'habituellement.

Pour en parler sainement, il produisit auec humilité des actes de ces trois vertus Chrétiennes si parfaitement, qu'il s'en rendit admirable au Ciel & à la terre ; Tellement que dés ce moment tous deux le declarerent Parfait Vainqueur. Mais sur tout, le Ciel le publia tel visiblement, par autant de bouches de feu, qu'il fit parestre en son lambris, d'astres & de lumieres beaucoup plus brillantes, qu'il n'en estalle d'ordinaire.

Monsieur le Cardinal de Ioyeuse le tint au nom du Pape Paul V. & eut par consequent cét honneur indicible, aussi bien que ce contentement sans pareil, de soustenir sur ses bras le veritable Athlas de nostre Eglise. On le nomma LOVIS, non sans mystere, cette imposition estant vne inspiration d'enhaut pour marque de la sainteté de sa vie.

De representer icy dauantage les Magnificences de cette ceremonie, ce seroit chose superfluë, puis que vous en auez pû conceuoir l'exceds, des appareils du Ciel, par lesquels il surmonta ceux de la Cour, en ne la voulant pas laisser seule dans cét employ. Depuis cette ceremonie Chrétienne, LOVIS écoula, tousiours rendant de nouueaux témoignages de ses Illustres qualitez, trois autres années, dont la reuolution luy mit la Couronne sur la teste, le Sceptre à la main, & le fit monter sur le Trône en qualité de Roy, à l'âge de neuf ans.

Ie ne puis passer cette occurrence, que la cause qui en fut entierement funeste ne se rafraichisse en mon ame, & que là penetrant de la douleur qui troubla & mit en dueil toute la France, elle n'apporte vne notable alteration sur mon visage & dans ce Discours. De sorte qu'au lieu de ces traits que la joye & l'allegresse deuoient mainnant tracer sur mon front en vous parlant de nostre LOVIS montant sur le Trône, il n'y parest que des traits de pâleur & d'effroy, que le ressouuenir de ce desastre y imprime si viuement, qu'il me semble que ie vois encore l'horreur de cette sanglante tragedie. Et où ie deurois poursuiure la gloire & l'honneur du même LOVIS, ie suis contraint par la loy de la pieté & du deuoir d'attaquer derechef l'inconstance, & l'accuser du meurtre commis en la Personne du GRAND HENRY, d'heureuse & immortelle memoire.

O fascheuse & importune inconstance! est-ce ainsi que tu te joües de toutes les choses de la terre, & que tu leur fais changer sans cesse de face? Ie te le pardonne, quand tu ne t'attaques qu'aux indifferentes pour joüer ton jeu. Mais est-ce ainsi que tu oses porter ta main sacrilege sur nos Monarques, ou plustost contre les oingts du Seigneur, qui te deffend de les offenser, pour les traiter si cruellement? Ah traistresse! ah infidelle! ah cruelle! ah perfide! Que ne puis je vanger ce sanglant affront que tu as fait à nostre GRAND HENRY? Et que ne vois-je encor auiourd'huy dans les feux excitez par le soulphre & la petillante poix, brusler sans iamais consûmer, ce monstre inhumain dont tu te seruis pour vne si detestable & si horrible execution!

Noli tangere meos Christos.

Toutefois non, que ce spectacle ne se represente desormais plus à nos yeux: que ce soit à toute eternité aux Enfers, d'où ce dragon estoit sans doute sorty: & à la face de leurs furies qui auoient allumé son desespoir & sa rage. Non, i'estouffe tous ces sentimẽs de douleur & de tristesse, pour ne pas confondre les pleurs auec les ris, & faire vn funeste mélange de la Gloire de LOVIS, auec le desastre de son Genereux Ancestre: & ie me remets à poursuiure nostre petit Prince dans l'entrée de la grandeur Royalle.

Les Historiens qui nous ont laissé les faits d'Alexandre, que l'Antiquité surnomma du nom de Grand à cause de ses grandes Victoires, disent, pour faire dauantage éclater sa vie, qu'il succeda à l'heritage Royal de son pere à vingt ans; Et qu'en cét âge il luy fallut combatre neanmoins

moins d'estranges difficultez dedans & dehors son Royaume, qui eussent pû le luy mettre en compromis: si son courage & son adresse surpassant son âge, ne luy eussent donné le moyen de les surmonter, & de s'asseûrer sa Couronne. Ce seroit là certes quelque chose digne de nostre admiration, si nous n'auions rien de plus miraculeux en nostre ieune Cesar. Mais regardez-le sous la pesanteur du Diadême & du Sceptre à neuf ans. Que si vous me dites que son Empire estoit entierement à l'ombre des Oliuiers, & qu'vne profonde paix regnoit par tout son Royaume; que le Genereux HENRY son pere luy auoit laissé l'Estat dans vne parfaite tranquillité; En vn mot, que la douceur & le repos en gardoient le dedans & le dehors. Ie vous l'auoüeray tout librement, pourueu que vous m'accordiez aussi qu'il ne joüit pas long-temps de ce calme; qu'il eut des tempestes ciuiles, où il eut besoin de parestre bon Pilote pour en preseruer sa Barque, & des guerres auec les Ennemis de Dieu où il luy fallut auoir beaucoup de cœur & de generosité. Et encor, que s'il n'eut d'abord à combatre pour la deffense de son Empire, qu'il combatit neantmoins pour la protection de ses Alliez, ausquels il donna secours aussi tost qu'il fut Roy. Nous verrons cette verité dans la suite de nostre Discours. Regardons-le maintenant dans la premiere de ses actions Royalles qu'il exerce en son Parlement.

Qu'il faisoit beau voir ce ieune Prince, qui auoit tous les raports & les traits d'vn Pacifique & sage Salomon seant sur son Lict de Iustice: ie dis pacifique, puis que le premier Arrest qu'il y alloit prononcer, estoit pour le bien & le repos de son Estat. Ie dis Sage, d'autant que toutes ses paroles parurent si remplies de Prudence & de Sagesse, qu'on eust iugé, de la sorte qu'il pratiquoit bien cette vertu, qu'il auoit ouy, montant sur le Thrône, cette belle leçon que le Sage Roy fait à tous les Princes du monde : O vous qui vous plaisez si fort d'estre dans les Palais, sous les Dais & sur les Thrônes: O vous qui estes rauis de voir vos testes ornées de Diadêmes, & vos mains chargées d'vn Sceptre : aymez & cherissez la Sapience, qui seule vous peut faire regner asseurément & glorieusement, non dans les seuls Empires de la terre, mais encore dans le Royaume permanent du Ciel. Ou si vous voulez qu'il estoit agreable de contempler ce nouueau Soleil dés son ascendant parestre au plein midy de sa clarté, & communiquer à sa belle FLORENTINE, tout ainsi qu'à sa veritable PHÆBE, la plenitude de sa lumiere, en la declarant Regente de son Royaume & de sa Personne. Admirable conjoncture de ces deux Astres! qui se fit sans le deffaut qui se remarque en celle de ces deux flambeaux qui president au iour & à la nuict; dont le premier ne se peut communiquer à l'autre sans eclypse & sans defaillance. Ce glorieux Astre de la France donna sa puissance à sa Lune : Ie veux dire, Le Fils commit son autorité à sa Mere : mais toutesfois sans la perdre & sans la diminuer ou alterer en sa personne. Enfin, qu'il estoit rauissant de considerer ce Prince dans nostre mesme pensée, comme vn luisant Phebus ardãt de son Lict de Iustice, tout ainsi

Si delectami ni sedibus & sceptris, ô reges populi, diligite sapientiam, vt in perpetuũ regnetis. Sapient. 6.

que d'vn globe, mille brillantes clartez sur tous les Augustes Senateurs de son Parlement, comme sur autant d'Astres, qui composoient dans le Ciel de son Thrône le signe de la Balance, simbole de Iustice qu'il a exercée toute sa vie. Sortons à present du Palais & de cette ceremonie, pour parler des douceurs & des plaisirs qui suiuirent cette Declaration en faueur de la Regence, par le moyen de la Clemence & de la Liberalité de nostre LOVIS.

Ce Prince qui auoit vne Politique infuse, iugea bien qu'il ne pouuoit choisir deux moyens plus sûrs pour rendre son Regne heureux & paisible, que la Benignité & la Largesse. En effet, le Prince qui veut estre aymé de ses Peuples regne doucement, comme le disoit de bonne grace le Tragique. Et qui en veut estre admiré, soit magnifique en leur endroit; ainsi que le dit aussi adrettement vn autre. La raison est, que l'vne oblige les plus meschans au seruice de leur Prince & de leur Patrie; & l'autre accoustume les hommes à bien faire, & à s'éleuer de plus en plus aux actions glorieuses. D'où resulte vne telle vnion de tous les suiets auec leur Monarque, qu'on ne voit que paix & que concorde.

Qui vult amari languida regnet manu. Sen. Trag.

Il sceut aussi se seruir si iudicieusemẽt de ces deux vertus, sçauoir de la Clemence & de la Liberalité, que rappellant par la premiere ceux qui auoient esté esloignez, pour leur faire gouter les attraits de sa bonté toute amoureuse: remettant par la seconde dans vne plus haute fortune ceux que le Roy son Pere auoit par maxime tenus dedans vne mediocre: Et faisant en fin ressentir à tous les autres qui se pouuoient rendre recommandables par leurs seruices les effets de sa magnificence. Il fit reuoir en son Royaume le Siecle D'or. A quelque temps de sa Royauté, il s'en alla à Reims pour y estre Sacré, ce qui se fit auec de belles ceremonies. Il y fut pareillement couronné, apres auoir pris au Sacrement de Confirmation de nouuelles graces du Ciel, pour parestre Inuincible & toujours Victorieux au front des Ennemis de l'Eglise, de laquelle nous l'allons voir incontinent entreprendre d'vn courage plein de zele, la deffence. Ensuite il reuint à Paris, où on le combla de mille benedictions qui ne se terminerent pas si tost. Car comme i'ay dit, l'Age des plaisirs estant de retour, on ne respiroit plus qu'au milieu des delices & des contentemens. On ne parloit que de réjoüissances, de jeux, & de diuertissemens. On ne s'entretenoit que de la bonté & de la liberalité du Prince. La Discorde & l'Enuie qui ne cherchent qu'à troubler les Estats, n'ozant entreprendre sur ce Regne, le laisserent entierement à la Paix & à l'Amour. Aussi fut-ce en ce temps d'Amour que la Reyne Regente pensa à faire des Alliances, & qu'elle ietta les yeux sur cette Auguste Princesse ANNE D'AVSTRICHE, qui rend nostre France si fort illustre par ses inimitables Vertus, pour estre l'Adorable Objet, comme elle en estoit seule digne, des affections Royalles de son LOVIS : Et à faire vn second mariage de MADAME sœur du Roy, auec le Fils aisné du Roy d'Espagne. Afin que cette double alliance pût estre le nœud Gordien de paix & d'vnion à iamais entre ces deux Couronnes. Dessein [illegible] qui reussit [illegible] de bon-heur, qu'en fin apres les traitez conclus, & en suite les demonstrations de resjouissances telles, qu'il faudroit parler des plaisirs du Ciel pour comprendre ceux qui se goustèrent pour lors, seulement dans Paris. En effet, dans ces extremes surprises de contentement, il sembloit que le Ciel eust abaissé ses Poles, & qu'il fût venu fondre avec tous ses torrens de volupté, jusques en ce lieu où se passoient les magnificences du Carosel: ou que la terre ayant sçeu produire par le secours de l'Art, des plaisirs plus charmans que ceux du Ciel, elle l'auoit obligé à la venir admirer en cette Feste. Il est vray qu'on y voyoit les Elemens agreablement confondus, & milles prodiges qui pouuoient bien deçeuoir les sens non accoustumez à ressentir des objets si rauissans. Mais si l'Amour qui est l'inuenteur des belles choses, ainsi que l'appelle le Philosophe Isidore, l'estoit de ces passetemps, ils deuoient estre extraordinaires. Heureux estat s'il eust pû durer tousiours. Mais comme il n'est rien de constant au monde que l'inconstance, & que la meilleure fortune a le pied sur l'instabilité perpetuellement roulante d'vne boule: Ces réjouissances furent incontinent suiuies & interceptées de troubles ciuils, de partialitez & differens entre les Princes, qui empeschèrent que la joye du mariage qui fut celebré quelque temps de là ne fut publique. Car pendant que la Cour triomphoit à Bordeaux dans des contentemens qui ne sçauroient s'exprimer, à cause d'vn si glorieux Hymenée, Les peuples en plusieurs endroits estoient plongez dans les amertumes, & les afflictions à raiſon de la guerre des Princes. Neanmoins cela ſe paſſa aſſez doucement. Le Roy eut le loiſir d'amener ſon Eſpouſe à Paris. Il y eut meſme quelque treue en cette altercation ciuile, & elle euſt eſté entierement éteinte ſi l'ambition de quelque particulier qui en eſtoit le ſujet, ſe fût moderée. Mais las! cette paſſion eſt trop violente & trop rapide dans le deſſein qu'elle a d'eſtendre toujours les bornes & ſes limites. Elle eſt trop affamée pour s'arreſter aux termes de ſa Fortune, ſans courir plus auãt. Qui ne ſçait qu'elle ne demande iamais la diminution de ſa Grandeur, comme le diſoit fort bien le Sage Romain à Neron ? Au contraire, qu'elle a ſans ceſſe la bouche ouuerte & preſte à engloutir ce qu'elle peut atteindre? Ne ſçait-on pas que c'eſt elle qui tient en ceruelle le Roy des Macedoniens, & qui le met dans le ſoin de trouuer la matiere de nouuelles conqueſtes ? Que c'eſt elle qui trouble le repos où il deuoit terminer ſes Victoires, pour le jetter dans les inquietudes de découurir vn autre monde, & par conſequent le ſujet de nouueaux trauaux? Cette trompeuſe ambition luy perſuade qu'il y a vne ſeconde terre, & elle luy fait prendre reſolution de la conquerir, quoy qu'il ne tienne encor qu'vne bien petite partie de celle qui eſt veritablement. Et luy donnant toutefois le nom de Grand, pour le regard de cette chetiue portion qu'il en ocupe, elle luy fait apprendre la Geometrie pour meſurer cet autre monde imaginaire. Ce fut de cette ſorte qu'elle s'obſtina à troubler la paix de noſtre Royaume, non en iettant l'orgueil en l'eſprit d'vn Prince, mais d'vn ſimple Etranger homme de neant, qu'elle enfla à tel point de presomption, que ne se pouuant contenir dans la grandeur où la bonté du Prince l'auoit esleué, il conceut des esperances, & forma des desseins au prejudice de sa Couronne. Ce qui ayant esté reconnû par quelques Princes & fidelles sujets du Roy, qui ne pouuoient souffrir cette insolence, les obligea pour punir sa temerité, à rallumer de nouueau la guerre ciuile, & de telle sorte, qu'elle ne pût s'éteindre qu'auec beaucoup de peine; & sans la ruine de ce Temeraire qui en auoit esté la cause.

Le Prince se sentit contraint d'auoir recours aux remedes extrêmes, dans vn mal qui l'estoit pareillement. Il vit qu'il ne pouuoit éuiter les funestes effets de l'orage qui se formoit, qu'en le faisant plus promptement resoudre. Il vit qu'il luy étoit impossible de s'assûrer, ou d'apaiser les offencez, qui ne l'estoient que pour son interest, qu'en punissant le Coupable. Il fut donc obligé de faire ceder sa douceur à la iuste seuerité, & de precipiter dãs vne honteuse chûte ce Superbe Geant qui vouloit escheler le Ciel de son Empire. Chacun en sçait l'histoire, il n'est pas necessaire de la déduire. Seulement auanceray-je que cette execution rassûra le Royaume, & remit la paix par tout. De sorte que nostre LOVIS ayant estouffé l'Hydre facticuse, acoisé entierement les troubles ciuils, & affermy sa puissance, il eut les moyens de penser à faire des Exploits qui pûssent estre à la gloire de Dieu. C'est icy où nostre Iuste va conquerir le tiltre de Parfait Victorieux: Puis que tout ce que LOVIS entreprend desormais, n'est que pour honorer Dieu &

l'Eglise son Espouse. De fait, quelques temps apres il s'en va en Bearn, où il a tant de bon heur, qu'à peine y voit-on parestre ses armes, qu'il sousmet tous ces peuples rebelles à son autorité Royalle, & les contraint d'embrasser la Religion Catholique. Trophée qu'on ne peut assez admirer. Remettez-vous deuant les yeux le petit Dauid s'apprestant d'affronter Goliad, & s'en allant hardiment attaquer cette puissance, qui sembloit inuincible, auec l'infirmité & la féblesse de sa ieunesse. Et puis, regardez nostre LOVIS en l'âge de dix-neuf ans, à la teste des Infideles; ou pour mieux dire, au front de l'Heresie que cinquante années auoient mise dans vne force, sans mentir indomptable. Lequel des deux, à vostre auis, a fait vn plus grand exploit? Tous deux surmontent les Ennemis de Dieu: Mais l'vn dompte seulement la force du corps, & l'autre flechit celle de l'esprit & du corps. Nostre Monarque s'assujetit celuy-cy, & gaigne l'autre à Dieu; il n'y a point de comparaison. O grãd LOVIS! que vos Exploits sont merueilleux dés vôtre plus tẽdre ieunesse; ce sont des exploits tout diuins: ce sont des exploits pour la querelle de Dieu! En vn mot, ce sont des exploits pour redresser ses ennemis en la rectitude de ses chemins. Tellemẽt que vous pouuiez dire ce que disoit autrefois le Roy Prophete, *Docebo iniquos vias tuas, & impij ad te conuertantur.* Voila le premier essay de ce ieune courage eschauffé pour la gloire de Dieu. Voyons les autres.

M. ROHAN & SOVBIZE. En suite les Chefs de cette Monstrueuse Statuë de la Religion pretenduë reformée, ayant leué des troupes, & demandé le secours de l'Estranger contre eux-mémes, puis

puis que c'estoit pour la ruine de leur Patrie ; Au lieu de se rendre à la bonté du Roy qui les en auoit sollicitez par tous les moyens imaginables. Ce Mars Chrétien, qui estoit déja accoustumé de combatre pour l'Eglise, se resolut d'aller châtier leur orgueil, & punir leur insolence. Il enleua d'abord les plus fortes places ; & tandis qu'il prit par la vertu des armes plusieurs villes en Languedoc & en Poictou ; plusieurs autres se laisserent emporter aux douces semonces de sa Clemence. Il n'y eut que la Rochelle qui éuita pour cette fois d'estre prise : mais ce ne fut que pour dauantage faire éclater la conqueste que nostre inuincible LOVIS en deuoit remporter en vn autre temps.

En effet, sa reduction est merueilleuse, & elle passera pour vn miracle à l'endroit de la posterité la plus reculée de nostre siecle, qui en sçaura les particularitez.

Cette Fameuse Ville, qui depuis tant de temps s'étoit montrée rebelle à ses legitimes Monarques : Toute enflée & boufie de superbe qu'elle fut à cause de la force de ses remparts, & de la proximité de la mer, ne put resister à la Pieté & au Iugement de LOVIS, qui luy donnerent l'inuention d'vne machine, contre laquelle elle espera inutillement l'assistance d'vn Prince Etranger, & du double & ordinaire mouuement de l'Euripe. Cét ouurage entierement diuin surmonta tout ensemble, & les fougues de l'Element terrible où elle fondoit tant d'esperances, & l'audace de celuy qui entreprenoit de la secourir. Et l'obligea en vn mot, de preuenir le iuste chastiment que le Roy pouuoit prendre de sa vieil-

F

le desobeyssance, en recourant à sa Misericorde, dont elle ressentit les agreables effets. Ouy, cette sourcilleuse & fiere ville, mais indigne d'en porter le nom, se vit abatuë en estat où elle pensoit estre inaccessible. Et apperceut en sa prise ce prodige de la vertu de LOVIS, qui sceut donner des bornes à vn Element qui n'en peut souffrir; & le contraindre auec la même authorité, qu'autresfois Iosué arresta le Soleil au milieu de sa course, pour estre le témoin de sa victoire. Heureuse en ce point, qu'elle fut surmontée auec vn si grand appareil, & par son Prince legitime: Mais aussi moins heureuse, en ce qu'elle apprit de l'obeïssance d'vne creature insensible, celle qu'elle estoit obligée de rendre à son Monarque.

Iosué 10.

Cette victoire ne fut pas remportée seule: Toutes les autres villes qui auoient participé à sa rebellion, acheuerent le trophée de nostre Glorieux Vainqueur, non tant par la violence de ses armes, que par les attraits de sa Douceur & de sa Clemence, qui conclurent le reste de son Triomphe. Auec cet auantage, qu'il restablit en tous ces lieux la vraye Religion, qui estoit la fin principale de ses trauaux.

Depuis cette conqueste qui en renferme en soy plusieurs, il ne fit que vaincre & que surmonter; mais toujours pour la gloire de Dieu, ou le salut de ses Alliez, & de son prochain, plus que pour ses propres interests. Nous l'allons voir.

Les Espagnols tenoient Cazal inuesty d'vne puissante armée; il se resolut de l'aller secourir. Et quoy que mille difficultez semblassent resister à son pieux dessein, & que les glaces & les neiges qui tenoient les Alpes comme enseuelies luy en fermassent entierement les passages, il ne laissa pas de s'y auancer, prenant tous ces obstacles pour autant de sujets de mettre sa vertu à l'espreuue, & la rendre glorieuse par la victoire qu'il en remporteroit. En effet, tous ces empeschemens furent conuertis en honneur & en gloire par son courage. Il passe & force Riuole & Perouse, il pred Pignerol à la veuë de son Altesse de Sauoye, de Spinola, qui se faisoit appeller Poliocertes, ou preneur de villes, de Collalte, & au frond de trois puissantes armées; & deliure genereusemét cette Pauure Captiue. Il sauue & affranchit l'Italie des courses & des rauages des Ennemis, & assure les Estats du Duc de Mantouë & les siens. En quoy vous voyez que ce Prince trauailloit tousiours pour la deffense des oppressez, & la conseruation de son prochain autant que pour celle de son Empire. C'est ainsi qu'il acquit tous ses autres Triomphes, ayant d'vn costé l'amour de Dieu en veuë comme le premier, & de l'autre l'amour du Prochain qui en procede.

Ie ne déduiray point par ordre ny dans toutes leurs circonstances ses autres Victoires; D'autant, qu'outre que mon dessein n'est pas de faire vne Histoire, comme vn Discours à l'honneur de nostre Prince; Ie ne le pourrois en si peu de lignes que ce doit terminer cét ouurage. Il suffit qu'on sçache qu'il a esté Conquerant en autant d'endroits qu'il a porté ses Armes; & qu'il n'y a point eu de Place qui ait peu resister à sa Valeur.

NANCY, cette superbe qui auoit regardé iusques alors

auec trop de mespris les plus Victorieux, n'osa luy denier de le reconestre pour son Roy, contre la pensée de ceux même qui la croyoient inuincible.

ARRAS ne s'est pû dedire non plus de fléchir sous sa Vertu.

TVRIN, cette ville opiniastre & desobeyssante à ses vrais Princes, n'a-elle pas esté pareillement abatuë, nonobstant la force des assiegez, & la feblesse des assiegeans? Ces circonstances n'ont fait que rendre le dessein de son siege plus admirable, & sa reddition plus glorieuse.

En fin la Victoire qui le suiuit constamment par tout, le fit triompher dans le Piedmont, dans la Loraine, & dans l'Artois.

PERPIGNAN au milieu de ses môtagnes & de ses forts qui luy donnoient tant de presomption, & malgré le secours qu'elle attendoit d'vn element déja vaincu, a esté semblablement contrainte de se rendre: Que dis-ie contrainte, elle se rendit à l'Amour; Ouy: ne voulant point éprouuer l'inégalité de sa force auec la valeur de son Roy, elle ayma mieux gouter les effets de sa Clemence. Ainsi pour acheuer brieuement les progrez de nostre Prince, autant Chrétiens que Politiques, il se rendit Maistre de la Loraine, & de l'Artois; rendit le Piedmont à ses Princes, & conquit le Roussillon. Voila en gros les Victoires de cét Illustre Vainqueur sur ses ennemis. Examinons maintenant celles qu'il a remportées sur luy-même, qui sont sans comparaison beaucoup plus importantes & plus considerables.

Ie deuois

Ie deuois bien promener vos esprits par tous ces lieux qui seruent de champ aux Conquestes de nostre Roy, comme si ie n'auois pas assez des Victoires qu'il a obtenuës sur soy-mesme pour vous entretenir? Ou que tant de vertus Chrétiennes qu'il a pratiquées aux yeux de toute la France, n'estoient pas suffisantes pour remplir ce Discours? Certainement vne seule de ses conquestes sur les passions, & vne seule de ses vertus pourroit enfler plusieurs Discours tout à la fois.

Pour commencer par le Triomphe des passions, il faut remarquer qu'il y en a de deux sorte. L'vn qui regarde le seul Indiuidu qui surmonte, & son profit particulier. L'autre qui regarde encor l'interest d'autruy comme relatif. Ie m'explique par cét exemple. Lors que quelqu'vn maistrise la concupiscence, toute l'vtilité de cette Victoire le regarde seulement. Mais quand vn homme qui a receu vne injure, au lieu d'en prendre raison étoufe ce mouuement de vengeance en pardonnant à son ennemy; ie dis que non seulement celuy qui remet l'injure a la gloire de s'estre surmonté: mais encor que celuy qui auoit offensé a des auantages d'vn tel Triomphe, en ce qu'au lieu de ressentir des effets d'indignation, il ressent des effets de Douceur & de Misericorde. D'où ie pourrois aussi conclure que celuy qui demeure victorieux de la volupté, ne pratique que la vertu qui luy est opposée, à sçauoir la chasteté; ou vn autre qui étoufe sa colere, pratique non seulement la vertu qui luy est contraire, comme la Force, mais outre cela, celle de la Clemence.

Helas que nostre Prince a remporté admirablement ces deux sortes de Triomphes sur soy-méme. Pour le premier, Helas! Il a tellement sceu mespriser les plaisirs où les voluptueux fondent les plus solides contentemens de leur vie, quoy qu'ils en soient la ruine entiere; qu'il sembloit que la Chasteté & la Continence fussent des Vertus Naturelles en luy, plûtost que Morales. Je ne veux aporter autre preuue de la verité que je publie, que la seule experience que toute sa Cour en a euë, y ayant gardé sa candeur toute entiere parmy le grand nombre des beautez qui s'y rencontrent, & la modestie auec laquelle, il s'est comporté même dans son Mariage, qui peut faire dire, qu'il y a vécu chastement, autant que ses loix le peuuent permettre. De sorte qu'on ne luy sçauroit dénier pour ce regard l'inscription qu'vn Empereur fit autrefois grauer sur son Tombeau.

Maxima cunctarum victoria, victa voluptas.

Que la plus grande des Victoires de LOVIS, est celle qui l'a rendu Maistre de la Volupté. Ou bien que LOVIS a obtenu la plus haute des Conquestes, à sçauoir celle de la Volupté.

Quand au second Triomphe, il la remporté si communément & si euidemment à tous, que je ne crois pas que personne luy veüille contester ce Trophée. Dés sa premiere enfance, & son entrée dans la grandeur Royalle; Il a donné des marques si fortes de la Victoire qu'il remportoit sur la Haine & la Vengeance, par le pardon qu'il accorda à plusieurs qui auoient offensé HENRY LE GRAND son Pere, & qui exerçoient encer leur malice contre sa propre personne, qu'il n'appartient qu'à l'Enuie & à la Ialousie de le denier. Mais il n'a pas esté seulement absolu sur les sentimens de vengeance & des plaisirs deshonnestes. Il a par vn plus grand exploit dompté toutes les Passions ensemble, & fait de ces rebelles orgueilleuses les illustres captiues & sujetes de la Raison. O le grand Prince! O le puissant Monarque! O le parfait Modelle des Roys! O l'vnique Victorieux! Les autres ne sont pas Roys, à proprement parler, qui n'étendent leur Autorité que sur des Royaumes & sur des Peuples, sans iamais la reflechir sur eux même, qui ne s'amusent qu'à guerroyer des Villes, & à vaincre les Ennemis de dehors, sans penser vne fois à combattre chez eux, & y surmonter vn peuple rebelle, & mille fois plus desobeyssant & à craindre, que toute sorte d'autres Ennemis. Mais nostre LOVIS est veritablement Roy, & tout ensemble Parfait Victorieux. Puis qu'outre qu'il tient vn Empire Physique sur quantité de Nations & de Sujets, il étend encor vn Empire Moral sur toutes ses Passions. Qui est le seul Parfait, duquel entend parler Seneque le Philosophe, quand il dit: Si vous voulez estre puissant & absolu sur beaucoup de Princes, soyez-le sur vous-mesme, en vous assujettissant à la Raison, qui vous apprendra par consequent à bien regner, & à tout entreprendre heureusement.

Si vis tibi omnia subjicere, te subjice rationi. Multos reges, si ratio te rexerit: ab illa disces quid & quemadmodū aggredi debeas. Sen. ep. 37.

Il ne reste qu'à parler de ses vertus, comme je vous ay promis, non pas de ses vertus Morales, i'en ay touché les principales en diuers endroits, & puis en montrant qu'il auoit dompté toutes ses passions, il est demeuré vray qu'il a exercé toutes les vertus Morales qui leur sont contraires. I'entends donc de ses Vertus Chretiennes & surnaturelles; de sa Religion, de sa Pieté, de sa Foy, de son Esperance, & de sa Charité, qui est la Reyne de toutes les autres, & sans laquelle il n'y auroit point de difference entre vn Payen & vn Chrétien, ny entre la loüange de l'vn, & la loüange de l'autre.

Que Toutes ces Vertus se sont parfaitement rencontrées en nostre Prince! Que la Religion a esclaté dans chacune de ses actions! Que la Pieté a paru en ses œuures! Que la Foy auoit répandu de lumieres en son Esprit! Que l'Esperance auoit mis de confiance en son Ame! Et que la Charité luy a donné de tendres sentimens de Dieu & du Prochain. Ces Vertus ont commencé sa vie! ces mêmes Vertus l'ont acheuée! Iustifions tout cela, ie vous prie, par les Experiences que ses Sujets & ses Ennemis en ont eués également.

Pour suiure nostre ordre, & commencer par la Religion, Qui niera qu'il a esté le plus Religieux Prince que le Thrône François ait iamais porté, & qu'il a plus trauaillé pour l'auancement de la Religion, qu'aucun de ceux qui l'ont precedé? Ses Victoires, desquelles i'ay parlé, en sont les honorables marques; & ie rafraichiray seulement en passant, celle de la Rochelle, où ie peux dire qu'il fut étoufer l'Heresie iusques dans son centre. De sorte qu'il faut auoüer qu'il étoit le Bouleuard & l'vnique Deffenseur de l'Eglise, contre lequel tous ses Ennemis ne sont venus heurter que pour faire vn honteux naufrage,

naufrage, & rencontrer leur debris.

Quant à sa Pieté, elle a esté si ordinaire, & si euidente, qu'elle a autant de témoins qu'il a eu de Sujets, & qu'il y a de Temples & d'Eglises par tout son Royaume. Les premiers l'ayant veu le plus souuent en priere, & les autres presque toujours en Oraison deuant leurs Autels. Mais cette Vertu se manifestant encore par les Temples que l'on Edifie à Dieu, & les presens dont on orne & enrichit ses Eglises. Il suffit pour la faire parestre en perfection en nostre Prince, que tous les endroits de la France conseruent les precieux gages de cette Pieté.

Voyons maintenant dans ces vertus de Religion & de Pieté, les trois Vertus infuses qui l'ont rendu vainqueur du Ciel, aussi bien qu'il l'a esté des Royaumes terrestres.

Sa Foy s'y fit admirer par le grand respect qu'il porta aux choses Saintes. Estant vray que comme dans les Maximes humaines nous n'auons pas de respect, que pour ce que nous croyons en meriter ; ce qui presuppose la conoissance : Qu'ainsi il croyoit parfaitement, ce qu'il honoroit de même ; La croyance dans les mysteres spirituels estant à peu pres, ce qu'est la demonstration sensible à l'égard des corporelles, chacune donnant des notions & des conoissances proportionnées à son objet. Mais ie pourrois bien auancer en faueur de nostre Prince autant que de la Verité, qu'il a monstré par ses actions, en presence des Mysteres, estre le Parfait Croyant. Car il seroit impossible d'estre sensiblement touché, de même qu'il l'a esté dans l'vsage des Sacremens, s'il ne les auoit crûs d'vne Foy parfaite & Souueraine. Combien de fois luy a t'on veu verser amerement des pleurs, estant prest de receuoir les consolations de Dieu, par la façon la plus amoureuse que sa Diuine Majesté se communique à nous au Sacrement de l'Autel. Il n'a iamais communié que ce n'ait esté auec de pareils ressentimens. Ce qui m'oblige à penser entrant dans la seconde Vertu, qui est son Esperance, que s'il a crû de la sorte, elle doit auoir esté admirable.

Il est vray qu'elle a esté sans exemple. Ce Prince en a rendu des tesmoignages qui me dispensent d'entrer à la iustiffication de ma proposition. On sçait que dans les plus grands sujets de desesperer du bon succez de ses armes en plusieurs sieges où il s'est rencontré, il auoit cette confiance si grande, que d'elle seule il tiroit toute sa force & son courage. Et sçachant bien que l'Esperance qu'on a au secours de la terre est souuent trompeuse & remplie d'illusion. Il n'auoit iamais recours qu'au Ciel, disant auec le Prophete: Mon Dieu, i'espere en vous que ie ne seray point confondu. Et comme il n'entreprenoit rien qu'il ne pensast estre à la gloire de Dieu: car c'estoit sa premiere pensée; Aussi trouuoit-il toujours cette Prouidence en estat de le secourir. C'est pourquoy on ne doit pas s'étonner, s'il a aussi souuent surmonté ses Ennemis, qu'il les a combatus. C'estoit cette Vertu d'enhaut qui triomphoit par son bras; ou bien LOVIS qui triomphoit de ses Ennemis par cette Vertu. Mais nous irons au dernier point de conuiction qu'il a parfaitement

Spes hominum fallax & inanis gloria. Dionys. Carth.

Speraui in te Domine non confundar.

creû, & souuerainement esperé, en monstrant qu'il a parfaitement aymé.

Entrons, s'il vous plaist, dans ce beau Cercle de Lumieres: C'est ainsi que le Diuin Saint Denys, appelle la Charité. A cause que comme chaque partie du Cercle se pert tellement dans l'autre, qu'il est tousiours fermé. De même l'amour Diuin estant double, à sçauoir celuy de Dieu, & celuy du Prochain: mais celuy-cy en veuë de celuy-là; que venant de l'amour de Dieu à celuy de sa Creature, nous nous retrouuons sans cesse dans celuy de Dieu comme dans sa source, & voyons ainsi les deux bouts de ce Cercle mysterieux joints ensemble. Nostre LOVIS n'ignoroit pas, qu'encor que la Foy & l'Esperance soient deux aisles qui esleuent le Chrétien vers le Ciel, neantmoins elles ne luy peuuent porter sans la Charité, laquelle diuisée en ses deux branches, en vaut deux autres absolument necessaires. Il n'ignoroit pas, dis-je, qu'on arriue à l'Eternité qu'en Cherubin, c'est à dire, auec ces quatre aisles jointes ensemble. Il sçauoit bien que croire sans aymer Dieu, ce n'étoit pas croire en Chrétien; d'autant que le Chrétien croit vn Dieu comme sa fin quand il a la Charité: au lieu que tous les autres croyent Dieu simplement, & non en Dieu. Il sçauoit, bref, qu'esperer le mesme Dieu sans auoir sa dilection, n'étoit pas esperer en Chrétien. Parce qu'il n'y a que celuy qui brusle du sacré feu de son Amour qui ose & qui doiue esperer sa joüissance. C'est pour quoy ne voulant pas auoir vne Foy & vne Esperance commune auec ceux qui confessent Dieu de bou-

S. Dion. c. 4. de diuinis nomin.

Multi sunt qui verbis confitentur Deum, factis autem negant. Tit. 1.

che seulement, & qui le niant par leurs paroles, ne laissent pas de l'esperer: Il fait des bonnes œuures, mais des œuures qui prennent vie dans cét Amour de Dieu qui est la source de la vie de toutes les actions Chrétiennes, afin qu'il les puisse meritoirement exercer à l'endroit de son Prochain. Ses frequentes Communions auec les tendresses que j'ay tantost remarquées, & les Hospitaux qu'il a fait bastir dans Paris (Sacrez Depositaires de sa Charité) sont dans leur silence plus puissans que le Discours, pour vous persuader cette Verité. Disons vn mot seulement des aduantages temporels que LOVIS eut en l'exercice de toutes ces Vertus, attendant que nous soyons arriuez à ceux qu'il a acquis pour l'Eternité.

C'est vrayment icy qu'il faut voir tout de bon ce Prince Victorieux, puis que mon dessein a esté de le faire considerer par tout Triomphant & Vainqueur. Il a Triomphé des Ennemis de Dieu & de ceux de son Estat par sa Pieté & sa Religion; Il a Triomphé de toutes les passions par ses Vertus Moralles; Il a Triomphé des Doubtes & des Erreurs par sa Foy sans pareille; Il a Triomphé de la Crainte & du Desespoir par son Esperance, qui ne souffroit point de comparaison; & tous ces Triomphes sont couronnez par celuy qu'il fait de la bonté de Dieu. Vous l'allez voir, & vous le sçauez.

Apres auoir esté long temps (toutefois dans l'abondance des graces & des faueurs du Ciel) sterile & sans heritiers de sa Couronne, quoy qu'il eût souuent importuné Dieu de luy donner ce contentement, & qu'ainsi il

d'ût

d'ût perdre Esperance pour ce regard. Neantmoins il ne se lasse point de tenir sa priere eleuée deuant le Diuin Monarque, sur l'aile de ses soûpirs, de sa Foy, de son Esperance, & de sa Charité. Ha! la Genereuse Constance! ô la Grande Confiance en Dieu! Mais que le fruit de cette Perseuerance est pareillement Glorieux. Nostre Roy gaigne Dieu, & apres l'auoir, s'il faut ainsi dire, combatu long temps, il le contraint à ce qu'il desire, Dieu donne la fecondité à sa Semence, & luy fait present d'vn Dauphin. O le Diuin succez! ô le Miraculeux euenement! ô le Puissant Triomphe! Toutefois Grand Roy, souffrez icy que ie vous oste vne partie de la Gloire, pour en honorer la Vertu de vostre Epouse: car elle a sans doute contribué à cette Victoire. Oüy, Princesse tres-aymable! vos vœux & vos prieres ont esté de la partie, & ont flechy la Diuinité, aussi bien que les deuoirs de vostre Espoux à vous accorder cette grace, qui vous a renduë si gracieuse, & vous rend encor aujourd'huy si admirable à toute la France.

Mais ce bien-fait ne vint pas seul du Ciel, il ne s'ouurit pas si estrettement; Il le fit donc suiure d'vn second incontinent apres; Et ce Royal couple d'Amans aussi parfaits dans la Grace que dans la Nature, virent deux enfans tous deux heritiers legitimes de leurs Perfections, bien qu'il n'y en eust qu'vn qui pûst succeder à leur Empire.

Desirez-vous encor d'autres Victoires de LOVIS? Tant de secretes menées, tant de conspirations contre sa Sacrée Personne miraculeusement découuertes, peuuent estre mises au nombre de ses Conquestes. Dieu l'en auoit preserué dans les premiers iours de son Regne; il l'en a sauué sur la fin. Comme vn Alcide plein de cœur, il a tranché la teste à tous les Hydres factieux, & étouffé tous ces monstres de Rebellion, iusques dans leur Antre, pour en exterminer entierement la race funeste. Il a esté encor le Maistre de ses propres necessitez, soufrant auec patience la faim, la soif, & la priuation de ses autres besoins & honnestes plaisirs, en plusieurs endroits où la sterilité des lieux, la difficulté des passages, la seuerité des saisons, & la rigueur des Elemens sembloient seconder ses Ennemis; Adoucissant les choses les plus dures auec sa Vertu; Semblable à ces fleuues d'Elyde, lesquels passent au milieu des ondes ameres de la mer Adriatique, pour se couler dans le sein d'vne riuiere, qui est en Sicile, sans rien contracter de l'amertume de ses eaux. N'est-il donc pas vray que LOVIS est le Parfait Victorieux. Et qu'on ne luy sçauroit dénier ce tiltre? N'est-il pas aussi constant, que IESVS-CHRIST ne luy peut refuser la place qu'il luy a promise sur son Thrône? C'est aussi à ce repos qu'il l'appelle. Il faut maintenant que LOVIS quitte tous les Triomphes d'icy bas pour ceux du Ciel. La Diuine Prouidence l'attire à sa gloire, & luy fait changer son Diadême temporel à la couronne eternelle que ses propres Vertus luy ont façonnée dans le sein de Dieu. Voila sans mentir d'extrémes auantages pour LOVIS: mais vne disgrace sans pareille pour nous.

Le pourray-je bien dire? pourrez-vous l'entendre?

pourray-je sans verser des pleurs, parler du trépas de nostre Roy? pourrez-vous, sans ietter des soupirs, en souffrir le Discours? Ce changement étrange m'interdit l'exercice des sens; ie suis tout glacé à force d'y penser: L'affection neantmoins que i'auois pour mon Roy estant comme vn feu immortel qui ne se peut éteindre, fond cette glace pour en conduire l'eau par mes yeux: Afin qu'ils exercent l'office de ma langue, comme exprimant plus parfaitement par ce langage des larmes, les ressentimens du cœur, qu'elle ne feroit pas auec beaucoup de paroles.

LOVIS le Iuste est mort: ha! le méme feu qui a fondu mon cœur en larmes, fait encor violence à cette letargie qui tient ma langue arrestée dans son palais, & malgré la douleur rompt ses liens, & luy donne la liberté de vous dire, que nostre Monarque est mort.

Puis que ie suis contraint à ce deuoir, reprenez donc vostre constance autant qu'il vous sera possible, tandis que ie reprimeray autant qu'il sera en moy la douleur qui m'afflige, pour vous entretenir de sa maladie.

Nous auons chez nous des Semences qui ne peuuent germer qu'en des fruicts de leur nature: Ie veux dire qu'en nostre composé il y a des humeurs qui ne peuuent causer que nostre ruine. Mais ces humeurs receuant leur influence des quatre Qualitez, dont les Mouuemens bien ou mal reglez font leur bonté, ou leur moindre ou plus grande Malignité: Si celles-cy sont dans vn iuste temperament, celles-là causent la bonne disposition: Si au contraire en discort, selon le plus ou le mbitis, nos humeurs deuiennent nuisibles & destruisantes. Mais quand l'harmonie des vnes est entierement interrompue, les autres ont des effets entierement mortels. Ce Principe general & naturel des maladies & de la mort posé : le diray : Que ce fut dans le soin d'acheuer la Conqueste du Roussillon, que ces funestes Semences commencerent par leur inégalité à faire remarquer vne disgrace notable en la Santé du Roy. De laquelle ayant neantmoins esté preserué en apparence, soit que Dieu, dont les decrets sont autant Adorables que cachez, voulut qu'il augmentast la gloire de son Empire de ce nouueau Trophée. Soit qu'il voulût qu'il vint receuoir dans la Principale & plus fidelle de ses Villes, les applaudissemens & chants de Triomphe qui estoient dûs à ses laborieux trauaux : Soit encor qu'il desirast, qu'il eust le contentement indicible de mettre en son estat les Ordres qui le rendent si florissant apres son deceds. LOVIS reuint à Paris Où à peine eut-il le loisir de receuoir les témoignages d'obeïssance & de fidelité de ses Sujets, & de reposer trois iours à l'ombre des Lauriers, qu'aussi tost il est surpris d'vn nouuel Orage. L'impitoyable Parque vient troubler la Feste de sa réjoüissance, & au lieu des trois mois qu'il falloit employer aux Demonstrations de ioye, elle affligea ce genereux Conquerant, tout ce temps-là, d'vne maladie qui le tint sans tréve dans les douleurs, & toute la France dans les plaintes; & dont le succeds & la fin fut la mort de ce Prince, & le sujet d'vn deüil general par tout le Royaume.

Dequoy vous entretiendray-je en ce rencontre, sera ce

ferme dans la lice sans craindre en aucune façon ses Ennemis.

Toutes les pensées qu'il eut, & toutes les paroles qu'il dit, furent sur la Bonté de la Prouidence Eternelle, & l'humaine fragilité, rendant continuellement action de grace à la premiere de sa Misericorde; & condamnant sans cesse l'Inconstance de celle-cy par ses genereux mépris. Et ces Sentimens Chrétiens soûtenoient si fort les féblesses de son corps dans les plus grandes souffrances, qu'il ne témoigna iamais la moindre impatience. Il luy arriuoit quelquefois de s'écrier à Dieu qu'il s'ennuyoit de viure; mais c'estoit par vn principe d'amour qu'il lâchoit ces paroles; comme voulant monstrer qu'il luy estoit impossible d'aimer au prix qu'il aimoit Dieu, & de n'être pas ioint à Luy, n'y ayant rien de plus naturel à l'amour que la ioüissance de ce qu'il ayme. Ou bien que sa Charité voulant retourner à sa source, elle l'y éleuoit si puissamment qu'il n'étoit plus ici bas qu'en vn Estat de violence.

A la verité les sentimens de son mal incommodoient si peu sa Vertu, qu'elle se vit glorieusement conseruée dans ses priuileges iusques à la fin. Et i'ose auancer que comme LOVIS auoit esté Victorieux en toutes ses actions, il le fut encor en ses douleurs.

Qu'elle Generosité ne fit-il pas parestre, lors que regardant le Corps qu'il deuoit incontinent abandonner; il dit à quelqu'vn de ses Seigneurs en leur montrant son sein descouuert, ces paroles vrayement Chrétiennes, Vous voyez que la condition des Roys ne les esleue point au dessus de la Nature des autres hommes. Vous voyez que Nostre Grandeur ne nous peut affranchir du sort commun ; & que nous sommes suiets aux miseres de tous les autres. Sont celà les paroles d'vn Roy ; mais d'vn Roy homme? ou les paroles d'vn Dieu? Certainement il n'appartenoit qu'à Iesus-Christ, d'affronter la mort auec tant de resolution & de Constance : ou à vn Chrétien soutenu de ses graces toutes particulieres comme l'estoit LOVIS. Mais il s'étoit toute sa vie entretenu dans cette serieuse meditation des infirmitez humaines & de la Mort. C'est pourquoy on ne doit pas s'étonner qu'il paresse si resolu quand elle approche. Il se l'étoit renduë si douce par la continuelle pensée qu'il en auoit euë, qu'il ne la pouuoit apprehender. Il la regarde plûtost comme le passage d'vne vie momantanée & toute tranchée de Malheurs ; à vne perpetuelle, & toute remplie de felicitez. Il la considere comme vne Translation des choses perissables, à celles qui sont incorruptibles ; de la sterilité à l'abondance : de l'hyuer au printemps ; des fleurs aux fruits ; du trouble & de la confusion au repos & à la paix ; en vn mot de la mortalité à l'immortalité, & du temps à l'éternité. Il sçauoit que la vie temporelle n'étoit rien du tout qu'vne herbe qui a quelque verdeur au matin, mais qui est seche & fanée sur le soir, ou qui tombe au moindre soufle de vent. Il auoit apris, que ce n'est qu'vn peu de boüe & vn peu de poudre ; vne fleurette qui se passe plûtost qu'elle n'est eclose ; vn petit vent, vne fumée, Vne vanité, vn point de temps, vn passé qui n'est plus, vn present qui se pert à l'instant qu'il paréť, vn futur incertain, & moins encor, vne ombre fuyarde. Il auoit reconû que c'estoit le regne de l'inconstance, & qu'il n'y auoit rien de durable que le changement, qui fait voir sans cesse les choses sous vn nouueau visage, qui donne tantost de beaux iours, & tantost en fait voir de nebuleux & ombragez de broüillards: qui nous montre aujourd'huy la terre parée de belles fleurs & chargée d'agreables fruits, & demain si tristement denuée de ces riches ornemens, qu'elle fait horreur: qui rend maintenant la Mer calme, & puis si fort émeuë, que souuent les vaisseaux brisent au même endroit qu'ils sembloient se joüer auec les flots: & qui déguise en vn mot sans cesse toute la Nature par ses retours & ses alternatiues vicissitudes, de telle façon qu'à peine y peut on rien conestre. Et auec ces traits, & ces couleurs, il auoit fait vn Tableau de la Vie & vn Tableau de la Mort. Dans le premier il n'y auoit reconû que fragilité, qu'inconstance: dans le second à l'opposite, il y auoit decouuert la fermeté, l'assurance: Dans celuy là, que maux, & qu'afflictions: Dans celui-cy, les plaisirs & les contentemens; dans l'vn que mortalité, dans l'autre l'immortalité: dans Celuy de la Vie que guerre & que trouble; dans celuy de la Mort, la Paix & la Concorde: Dans celuy de la Vie que le Temps, dans celuy de la Mort, l'Eternité.

Ha! qu'il deuoit donc merueilleusement mépriser la Vie, & estimer la Mort! Qu'il deuoit blasmer les inforlicitez de celles-là, & loüer les plaisirs de celle-cy. C'est ce qui fait qu'il se soucie si peu de la Vie, & qu'il cherit si fort la Mort, qu'à tous momens il l'appelle, & la demande à Dieu par ces paroles amoureuses, *Tedet animam meam vitæ suæ*. La voila aussi qui s'aproche. Mais auparauant nostre LOVIS desire rendre les derniers témoignages de sa Bonté & de sa Clemence: Vertus principales qu'il auoit exercées pendant sa Vie. Il veut pardonner à ses Ennemis; Il le declare hautement, & proteste en presence de toute la Cour, qu'il n'a aucuns ressentimens que de douceur pour ceux qui l'auoient offencé; auec quelqu'vn desquels même il se reconcilie pour preuue de ce qu'il disoit.

Bien dauantage, le diray-je, ce trait de la plus grande tendresse qu'vn Roy puisse iamais auoir pour son Peuple? Ouy! puisque c'est ce qui vous doit obliger, aussi bien que moy, à l'aimer & honorer toute vostre Vie en ses Cendres & en son Tombeau. Ce Monarque tres-Chrétien ayant vn sentiment bien contraire à ceux, desquels le Prophete dit, Qu'ils remportent l'iniquité auec leurs os dans le sepulchre, Il voulut que son Tombeau conseruast auec les dépoüilles de sa chair, encor sa Vertu, & l'amour de ses Peuples. Il témoigna que son plus grand regret étoit de les laisser sans leur donner la Paix; Mais qu'il assûroit que ç'auoit esté toute son intention, & la fin de ses Trauaux; que ce Rameau de la Sainte Oliue. Et comme autresfois Epiminides le demanda aux Atheniens pour recompense de ses Labeurs; Il fit des vœux sur le champ pour l'obtenir de Dieu à ses Sujets,

pour

pour vne partie de la recompense des siens. Ce que la Bonté Diuine sembla luy accorder par la reuelation qu'il eut dans cette derniere Syncope mortelle où il demeura si long temps ; & au retour de laquelle ayant dit amoureusement, sinon de bouche, au moins de cœur (d'autant qu'il ne parloit qu'à Dieu) *Inclinaui cor meum ad faciendas iustificationes tuas in æternum propter retributionem.* Dieu détacha cette Ame Iuste de son corps par vn grand soûpir d'amour qui rompit doucement les liens qui l'y tenoient arrestée ; pour la placer sur le Thrône de son Pere comme Parfait Victorieux & Triomphant, *Qui vicerit dabo ei sedere mecum in throno meo.* Ainsi termine glorieusement LOVIS le Iuste, le dernier de ses iours, & le dernier moment de sa Vie, dans vne parfaite imitation de IESVS CHRIST: Ainsi acheue de viure le plus grand Roy du monde, en mourant de la mort des Iustes. C'est à dire, qui en trouuent les amertumes conuerties en vne telle douceur, qu'ils ne la ressentent presque pas. On diroit à leur égard, que ce n'est qu'vn agreable sommeil, au sortir duquel ils vont viure eternellement en Dieu. Ou bien que leur trépas n'est qu'vn petit vespre sans clarté, qui se change aussi tost en vn Orient perpetuel, par le moyen du vray Soleil qui vient en dissiper les obscuritez par sa diuine Lumiere. Ne disons donc plus que LOVIS est mort, si ce n'est à nostre égard, qui auons perdu son Illustre presence. Mais disons mieux, que LOVIS vit dans le Triomphe de la Mort, & qu'il vit pour iamais dans le Paradis. Car ie tiens qu'il y est maintenant, & qu'il y possede

Sunt qui non gustabunt mortem.

Ad vesperũ oritur sol pro Iusto.

cette belle Couronne que IESVS CHRIST a promise à ceux qui auroient surmonté, *Qui vicerit dabo ei sedere mecum*, & qu'il repose heureusement sur le Thrône de la Gloire, *in throno meo*. Il y est s'abysmant auec plaisir dans la profonde contemplation de Dieu. Il y est dans les transports & les extases qui font le bon-heur de tous les Saincts : Il y est dans les rauissemens qui ne soufrent point de bornes ny de limites que l'Eternité : Il y est Triomphant dans des contentemens aussi purs que leur Source, qui est la Diuinité : Il y est comme vn Astre nouueau qui brille parmy des autres Lumieres du Ciel, *dabo ei sedere mecum* : Il y est participant hautement l'Essence Diuine : Il y est toujours remply sans satieté : Il y est en vn mot parfaitement content. Mais il y est encor en vn estat aduantageux pour nous, tout brulant de cette double Charité qui luy faisoit icy bas aymer Dieu de tout son cœur, & le prochain comme soy-même. De sorte qu'estant intimement vny à son Dieu, il ne laisse pas de penser à cet Empire, & il y pense d'autant plus, qu'il en reconest mieux à present les necessitez, voyant en Dieu comme dans le Miroir de l'Vniuers, clairement & sans confusion, certainement & sans doubte, ce qui se passe & ce qui se fait. Et il puise dans cette Source inépuisable toutes les graces & toutes les faueurs dont a besoin l'Estat qu'il a laissé. Il y est donc en qualité d'Intercesseur, de Protecteur & Deffenseur, pour faire decouler du Ciel ses plus benignes influances sur ce Royaume, pour le proteger & le deffendre des Ennemis qu'il a en teste. Nos esperances ne seront point deceuës ; Nous auons déja ressenti des traits de ce soin. La puissante Victoire que nous auons remportée incontinent apres qu'il fut allé prendre jouïssance du repos qu'il luy estoit promis, & celles qui l'ont suiuie en estant vn effet certain.

Puissiez-vous, ô Grand Roy, toujours prier & interceder pour nous, & attirer le secours du Tres-puissant, au bras de vostre Successeur. Afin qu'il soit le Genereux Deffenseur (comme vous l'auez esté,) Premierement de l'Eglise Catholiques & en second lieu des Peuples sur lesquels il étend l'autorité de son Sceptre. Puissiez-vous pareillement procurer à vostre Chaste Epouse, à qui vous auez cōmis la Regence de son Empire & de sa Personne, vne parfaite Prudence pour s'en acquiter glorieusement. Regardez sans cesse, & d'vn œil amoureux, ô bel Astre de l'Empirée, ce riche Nuage qui receut si parfaitement les traits & les couleurs de vos Vertus, qu'il produisit cét Adorable Parelie, ou ce nouueau Soleil pour nous éclairer en vostre absence. Afin qu'ayant continuellement vos fauorables Aspects, ces Diuins caracteres s'y remarquent toujours, & se transmettent par son exemple, tres-profondement en son heureuse & Royale production.

Et vous, ô Diuin Soleil de l'Eternité, Source de toutes les lumieres du Ciel & de la terre, & qui en auez remply ces deux Globes qui roulent sans cesse sur nos testes dans la voûte azurée, pour composer le iour & la nuict. N'oubliez pas les deux flambeaux de nostre France. Versez en l'Esprit de nostre Monarque, & de sa Glo-

nant Regence, les Lumieres de la vraye Sagesse, par lesquelles ils entretiennent pendant leur Regne le bon-heur de la Paix [illegible], & qui en suite dissipé les nuées de confusion & de desordre que la guerre s'est permise, [illegible] lors que les Brouillons & les Factieux viennent interrompre les doux accords de son harmonie. Faites la grace au Fils d'embrasser la Valeur, la Bonté, la Clemence, & la Pieté de son Pere, & d'imiter parfaitement toutes les Vertus, en les considerant en sa Mere, où elles sont si naïuement depeintes. Et d'autant comme il est le Fils aisné de vostre Eglise, inspirez luy le dessein d'en estendre la gloire aussi loin que le Soleil porte ses yeux, d'aller affronter les Sophis & les Sultans, d'entrer dans l'Asie, & en faire vne nouuelle France en Religion & en Pieté. Versez pareillement sur la Reyne, que vous auez sans doute choisie, par la bouche de son Espoux, pour la conduite du Roy Mineur, toute l'abondance de vos douceurs & de vos graces, Ainsi qu'elle est abondante en actions de Sainteté. Afin qu'elle puisse heureusement accomplir cette Regence, & donner au Prince vne si forte impression de la Bonté, de sa Pieté, & de toutes ses autres Vertus Royalles : que comme nous auons vécu auec felicité sous son administration, nous respirions encor auec bon-heur sous le Regne de nostre nouueau MONARQUE, & en luy & [illegible] accomply vos volontez, [illegible] ensemble nous ozions esperer vostre Gloire.

www.ingramcontent.com/pod-product-compliance
Ingram Content Group UK Ltd.
Pitfield, Milton Keynes, MK11 3LW, UK
UKHW012110240726
13965UKWH00004B/1668